Gewidmet

Allen Schreibenden

Habt Spaß!

Derjenige, der mit Tinte schreibt, ist nicht zu vergleichen mit demjenigen, der mit seinem Herzblut schreibt.

Khalil Gibran

Aufschlagen & Schreiben

Das Workbook II

102 neue Schreibideen

Von Caroline Susemihl

Bibliografische Information der Deutschen Nationalbibliothek:
Die Deutsche Nationalbibliothek verzeichnet diese Publikation in der Deutschen Nationalbibliografie; detaillierte bibliografische Daten sind im Internet über http://dnb.dnb.de abrufbar.

© 2015 **Caroline Susemihl**

Illustration: **Jörg Susemihl**

Herstellung und Verlag: **BoD** *– Books on Demand,* Norderstedt

*ISBN: 978-3-**7347-7999-2***

Vorwort

Schreibanregungen kann man nie genug haben. Deswegen gibt es mit Workbook II ein weiteres Ideenbuch von „Aufschlagen & Schreiben". Es enthält 102 neue Schreibanregungen.

So wie auch bei Workbook I soll der Spaß am Schreiben im Vordergrund stehen. Platz für deine Texte. Bequem zu transportieren und jederzeit einzusetzen. Lass dich von den Anregungen und Ideen inspirieren. Falsch und Richtig gibt es nicht. Kombiniere die Aufgaben, wenn du magst, oder mach sie mit einem Schreibfreund/in.

Ein Extra-Tipp: *Such dir aus einer deiner Geschichte einen Protagonisten, aus einer anderen einen Antagonisten und wähle dir sechs besondere Worte aus anderen Geschichten aus. Schreibe eine neue Geschichte.*

Ich wünsche euch immer ein Fässchen voll Tinte, freie Gedanken

und 1000 Musenküsse

Eure Caroline

http://carolinesusemihl.wordpress.com
https://schreiberlebentipps.wordpress.com

1. Schreibe eine weiße Geschichte.

2. „Schalte endlich das Licht an", flüsterte sie …

3. Schreibe den Mythos: Wie die Liebe in die Welt kam?

4. **Apfelblüte, Kaffeeklatsch, Mimose, Gips, Knallerbsen, Wespe.
   Benutze alle Worte in deinem Text.**

5. „Ich muss dir etwas Wichtiges sagen!", sagte Vater …

6. Schreibe über Tierversuche.

7. **Schreibe einen Text. Deine Protagonistin heißt: Amelie Blau. Lass ihren Charakter erkennbar werden.**

8. **Schreibe einen Zeitungsartikel mit der Schlagzeile: „Skelett im Rosenbeet ausgegraben."**

9. Sam fragt sich, wer ihm den Schlüssel gegeben hat …

10. Die sieben Todsünden. Eifersucht, Wollust, Zorn, Schlemmerei, Geiz, Faulheit, Eitelkeit. Benutze alle in deinem Text.

11. Schreibe über den Sinn des Lebens.

12. „Ich verspreche dir hoch und heilig …"

13. Schreibe eine lasterhafte Geschichte: Sex, Drugs and Rock `n Roll.

14. Schreibe einen Text. Dein Protagonist heißt: Mario Hummel. Lass seinen Charakter deutlich erkennbar werden.

15. Wer wärst du vor 150 Jahren gewesen?

16. Welcher Buchheld/in wärst du gerne? Was würdest du in „deiner" Geschichte anders machen? Schreib eine Szene.

17. Ohnmacht, Brief, Spule, Flamme, Hamster, Glühbirne. Benutze alle Worte in deinem Text.

18. Schreibe einen Zeitungsartikel über übersinnliche Phänomene. Erfinde eine reißerische Schlagzeile.

19. „Verdammt! Es geht um …"

20. Schreibe über die Farbe des Zorns.

21. Such dir eine Figur aus einer deiner Geschichten aus. Schreibe eine Episode aus ihrer Kindheit.

22. Schreibe eine Geschichte über Aberglauben, eine schwarze Katze und einen Schornsteinfeger.

23. Schreibe eine Geschichte, in der ein Essen eine besondere Rolle spielt.

24. Wie ist das Motto deines Lebens? Warum?

25. „Hier beginnt das Reich …" steht auf einem Schild mitten im Wald. Du übertrittst die Grenze. Was passiert?

26. Schreibe eine Geschichte, die in einem Hotel spielt, und benutze die Worte: Nachtportier, Foyer, verloren, ausgeschlossen, Superstar.

27. „Das ist ein interessanter Gedanke!" ...

28. In einem Trödelerladen siehst du einen barocken Spiegel. Er zieht dich magisch an …

29. „Du bist mein Erbauer. Gib mir ein Herz!", sagte der Roboter …

30. Schreibe einen Mythos: Warum Kometen einen Schweif haben?

31. Schreibe eine Szene aus einem Heftroman. Übertreibe schamlos!

32. Nimm dir dein Lieblingsgedicht. Schreibe die Geschichte, die es darstellen soll.

33. Schreibe über Sucht. Vielleicht hast du selbst eine? Schokolade, Computerspiele, Zigaretten, Erdnusstoast …

34. „Schau mal, da drüben!", rief sie aufgeregt …

35. Tango, Mitternacht, Splitter, Flussufer, Code, Alarm. Benutze alle Worte in deinem Text.

36. Schreibe einen Tagebucheintrag über einen 19jährigen jungen Mann, der in die Freundin seiner Mutter verliebt ist.

37. Schreibe eine Geschichte, in der Wollmäuse, Klammeraffen und Brillenschlangen vorkommen.

38. Tamara öffnet eine Flasche Wein. Plötzlich steht ein Gin vor ihr. Er ist betrunken …

39. „Halt!" ….

40. Kirschkerne, Friedhof, Schuss, Bein, Sonnenbrille, Vampir. Benutze alle Worte in deinem Text.

41. Schreibe die erste Szene eines Buches mit dem Titel:

   Der Masterplan.

42. Schreibe einen Tagebucheintrag über ein 11jähriges Mädchen, dass die Barbiepuppe einer Freundin gestohlen hat.

43. Schreibe einen Text, in dem du dem „schlimmsten" Gegner aus deinem Lieblingsbuch/Film begegnest.

44. Sammele 10 Worte, die dir zum Thema: Zeit, einfallen. Benutze alle Worte in deinem Text.

44. Schreibe eine Geschichte zu einem Satz von Baudelaire: „Ein See aus Blut, wo Geister hausen" …

46. Schreibe den letzten Absatz eines Buches mit dem Titel: Das Beste kommt zuletzt.

47. Geige, Fahrrad, Nerven, Taube, Truhe, grünes Glas. Benutze alle Worte in deinem Text.

48. Schreibe eine Geschichte, in der eine Schwarze Witwe vorkommt.

49. Schreibe eine Szene aus einem Roman, in dem ein blinder Bibliothekar die Hauptrolle spielt.

50. Schreibe eine graue Geschichte.

51. Schreibe eine Geschichte zu dem Zitat Hermann Hesses: „Keiner ist weise, der nicht das Dunkel kennt."

52. Schreibe eine Geschichte in der jemand „stumm, wie ein Fisch ist".

53. Schreibe eine Geschichte, die zu Tränen rührt.

54. Such dir 6 Worte aus deinem letzten Text aus und schreibe mit diesen einen neuen Text in einem völlig anderen Genre.

55. Schreibe über den Duft der Freiheit.

56. Erinnere dich an deinen ersten Kuss. Wo war es? Mit wem? Wie war die Atmosphäre? Wie fühlte es sich an? Schreibe sinnlich.

57. „Hier geht es nicht um dich! Sondern …"

58. Er sah durch das Loch in der Mauer und erschrak …

59. Benutze folgende Adjektive in deinem Text: heiß, süß, weich, glatt, cremig, schwer, leicht.

60. Schreibe über eine außergewöhnliche, skurrile Begegnung.

61. Schreibe einen Text mit den vier Elementen: Erde, Feuer, Wasser und Luft.

62. Schreibe über das Gefühl im Schreibfluss zu sein.

63. Erfinde einen kuriosen Grund, warum du nicht pünktlich zur Arbeit erscheinen konntest.

64. Ein Geist hat dich als Übermittler einer Botschaft auserwählt. Wem sollst du sie überbringen und was sollst du sagen?

65. Du erwachst und stellst fest, dass du dich 100 Jahre in der Zukunft befindest. Wie sieht es dort aus? Was tust du?

66. Schreibe aus der Sicht einer Kaffeemaschine in einem beliebten Café.

67. Schreibe den Mythos: Warum Schildkröten einen Panzer haben?

68. „Und wer sind sie?" …

69. „Du, ich glaube hier stimmt was nicht!" …

70. Simon kommt in eine Stadt, die vergessen wurde und 100 Jahre in der Vergangenheit „lebt". Erzähle …

71. „Ich muss dich jetzt leider mitnehmen", sagte der Sensenmann …

72. Schreibe eine Geschichte, in der jemand in Teufels Küche gerät.

**73. Mauer, Regenschauer, drei Mal, Glocke, Meister, Gelächter.
Benutze alle Worte in deinem Text.**

74. Sandra öffnet die Tür. Vor ihr steht ein Ritter, in Rüstung mit Pferd. Er hält sie für seine Herzdame. Erzähle …

75. Schreibe eine Geschichte in der jemand Schwein hat.

76. Du erbst eine antike Taschenuhr. Dabei liegt ein Brief. Darin steht: …

77. In einer Zeit, als Wünsche noch geholfen haben, wünschte sich eine junge Frau…

78. Schreibe den Mythos: Warum nimmt der Mond ab und zu?

79. Schreibe ein Märchen in dem Rumpelstilzchen der „Gute" und die Müllerstochter die „Böse" ist.

80. Erzähle die Geschichte der entführten Kinder von Hameln, nachdem sie in die Höhle verschleppt wurden…

81. „Du musst dich entscheiden. Jetzt!" …

82. Du steigst in eine Höhle hinab und befindest dich plötzlich in einer anderen Welt. Erzähle …

83. Andy findet ein altes Manuskript. Es zeigt, wo der Nibelungenschatz zu finden ist. Und die Jagd beginnt …

84. Erzähle den Mythos: Warum Drachen ausgestorben sind?

85. Er öffnete das Kästchen. „Das ist das letzte Ei eines Drachen" …

86. Leuchtturm, Flügel, Dürre, Kreuz, Seeteufel, Quelle. Benutze alle Worte in deinem Text.

87. Schreibe eine rosarote Geschichte.

88. Schreibe eine Geschichte in der ein Kurschatten und ein Gott in Weiß eine Rolle spielen.

89. Du renovierst dein Haus. Hinter einer dicken Tapetenschicht entdeckst du eine geheime Tür. Was ist dahinter? ...

90. Erzähle den Mythos: Warum man das Rauschen des Meeres hört, wenn man sich eine Muschel ans Ohr hält?

91. Treppenhaus, Zustände, Gewächshaus, zerrissenes Buch, geheimnisvoll, Schachbrett. Benutze alle Worte in deinem Text.

92. Erzähle den Mythos: Warum gibt es Menschen mit roten Haaren?

93. „Ich dachte, du bist …"

94. Schreibe den Tagebucheintrag eines 37jährigen Priesters, der eine Sünde begangen hat.

95. Der Schrei ging durch Mark und Bein…

96. Schreibe die Endreime eines Gedichtes untereinander auf die rechte Seite deines Blattes und erfinde ein neues Gedicht.

97. Schreibe über Bücher, die dein Leben beeinflusst haben.

98. Schreibe über einen magischen Ort deiner Kindheit.

99. Glaskugel, schwarzer Nebel, Sandelholz, Stimme, düster, Purpur, Mozartkugel. Benutze alle Worte in deiner Geschichte.

100. Schreibe eine schwarze Geschichte.

101. Du findest auf dem Flohmarkt einen besonderen Gegenstand. Was ist es? Und was ist das Besondere? Erzähle …

102. Schreibe eine Geschichte, in der eine Windsbraut, ein Bücherwurm und Väterchen Frost eine Rolle spielen.

Notizen:

Aufschlagen & Schreiben

„Wir schreiben, um die Grenzen unseres Lebens zu überschreiten, um darüber hinausreichen zu können", schrieb Anaïs Nin. Daran hat sich nichts geändert, sei es Fiktion oder Biografie. Auf dem Papier leben wir viele Leben, erzählen Geschichten und Geschichte, erklären und klären uns. Werden ein kleines Stück unsterblich. Und doch ist da die Angst vor dem weißen Blatt. Wie beginne ich einen Text? Wie gelange ich an meine Erinnerungen? Woher nehme ich die Inspiration für ein Gedicht? Das vorliegende Büchlein  soll dem Schreibenden helfen, ohne langatmige Erklärungen anzufangen. Die Aufgaben und Inspirationen werden von kurzen, prägnanten Instruktionen begleitet und können sofort angewendet werden. Einfach eine Seite aufschlagen und jederzeit anfangen. Dazu gibt es unter dem Thema: Etwas Handwerk, praktische konkrete Tipps zur Textarbeit. Ich wünsche den Schreibenden viel Freude beim Ausprobieren der zusammengetragenen Aufgaben, die sich auch für Schreibgruppen eignen.

ISBN: 978-3-7347-7529-1

Aufschlagen & Schreiben – Workbook I

Wilhelm Busch schrieb: „Gedanken sind nicht stets parat, man schreibt auch, wenn man keine hat." Das Workbook I, mit 101 neuen Schreibanregungen, wirkt diesem Missstand auf praktische Weise entgegen. Der Schreibende kann sich nach Belieben aus dem Ideenpool bedienen und bequem jederzeit und überall mit dem Schreiben beginnen. Ob im Wartezimmer, in der U-Bahn, im Café, im Urlaub oder zu Hause. Es wird nur ein Stift benötigt, da für jede Aufgabe eine freie Doppelseite für Text oder Notizen vorgesehen ist.

„Tobt euch aus und habt Spaß! Kein Tag ohne Text."

ISBN: 978-3-7347-7752-3